AF501007

Manifestations Universitaires

à ALGER

Griefs des Etudiants

FÉVRIER 1911

ALGER
IMPRIMERIE ALGÉRIENNE
1911

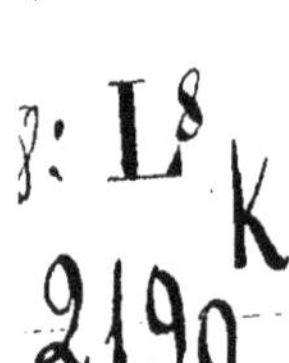

Manifestations Universitaires

à ALGER

Griefs des Etudiants

FÉVRIER 1911

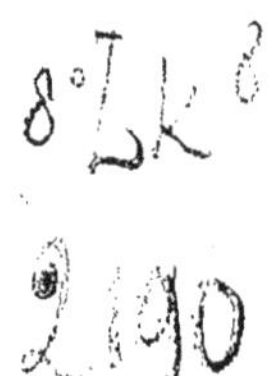

ALGER
IMPRIMERIE ALGÉRIENNE
1911

Alger, le 16 Février 1911.

Les Délégués des Etudiants de l'Université d'Alger, ont cru faire œuvre utile en réunissant dans ce petit opuscule les rapports qu'ils ont fournis à Monsieur le Directeur de l'Enseignement Supérieur pour être remis à Monsieur le Ministre de l'Instruction Publique.

Beaucoup seront heureux de conserver ainsi les péripéties d'un combat livré à un règne d'absolutisme, de faveur et d'insolent sans-gène.

D'autres pourront apprendre pour quelles raisons toute la jeunesse Universitaire d'Alger a manifesté au cours d'une longue semaine.

Quant à nous, renonçant à toute modestie, nous sommes fiers de pouvoir rendre hommage à ce mouvement où tous les Etudiants ont montré qu'ils restaient toujours les gardiens vigilants et sûrs des vieilles traditions françaises de franchise, de droiture et d'honnêteté. Ils affirmèrent leur indignation et malgré cela, forts de leurs droits, ils ont poursuivi leur but avec fermeté, et avec calme.

Que leur mouvement soit encore un avertissement et une leçon pour ceux qui édifient dans l'ombre et le silence, et qui, sous ce couvert, préparent des actions désavouables.

Nous donnerons à ce livret la plus grande publicité possible, nous espérons que nombreux sont ceux que sa lecture intéressera ; nous espérons enfin que l'œuvre entreprise par les Etudiants portera ses fruits et que le départ du Recteur Ardaillon sera l'heureux épilogue de cette histoire.

Cet opuscule, en mettant toutes choses au point, nous permettra encore de mettre fin à certains bruits qui paraissent avoir trouvé trop de crédit.

On a prétendu que les vrais auteurs de cette manifestation n'étaient pas les Etudiants, et que leur chahut devait simplement servir les intérêts de certains de leurs maîtres. La vérité est que les Etudiants ont manifesté *proprio motu*. Ils demandent que les créations nouvelles soient annoncées de façon à ce que tous, qu'ils soient d'Alger ou d'ailleurs, puissent faire leurs demandes et exposer leurs droits. Le choix désignera le plus digne des compétiteurs. Nous servons un principe, non des personnes et nous serions navrés que l'on pense autrement.

On nous a encore reproché de faire l'apologie de l'agrégation. N'exagérons rien ; nous savons parfaitement que de grands génies ne passèrent jamais ce concours : tels les Roux, Metchnikoff, Doyen.... Nous estimons simplement que l'agrégation est un titre, apportant certaines garanties à l'enseignement théorique. Pour l'enseignement pratique, il en va tout autrement et la meilleure preuve est que nous demandons pour les stagiaires de médecine la faculté de s'instruire dans les services hospitaliers.

A amplifier les choses, on les déforme. Puissent ces explications corriger les erreurs nés de bruits colportés, plus ou moins volontairement.

Alger, le 16 Février 1911.

Monsieur le Ministre,

La manifestation des étudiants de l'Université d'Alger n'est pas un simple chahut d'étudiants, désireux de faire du bruit et de se détendre les nerfs en cassant quelques carreaux.

Cette manifestation a été longuement mûrie, longuement raisonnée et discutée et ce n'est que poussés à bout que les étudiants ont unanimement décidé d'attirer l'attention sur eux par des moyens quelque peu en dehors de la hiérarchie et du protocole. Les étudiants d'Alger, particulièrement les étudiants en médecine, avaient, à maintes reprises, eu des entrevues avec Monsieur le doyen et Monsieur le Recteur, à qui ils avaient écrit aussi. Jamais aucune réponse de leur part est parvenue, jamais on n'a paru s'occuper de leurs revendications. Depuis quelque temps, une sourde agitation régnait donc à la Faculté de Médecine et on sentait bien qu'une vexation, si minime soit elle, était bien de nature à déchaîner un conflit. C'est alors que les étudiants en médecine ont appris que deux bourses ou plutôt deux subventions, avaient subrepticement été allouées à deux de leurs camarades non nécessiteux et sans enquête suffisante préalable. A ce moment, un avis favorable pour une troisième demande de bourse, est accordé par le Conseil de Faculté. C'est à la suite de cette question de bourses que le conflit latent s'est entièrement déchaîné.

Sans organisation aucune, sans excitation,

froidement, les étudiants en médecine ont empêché les professeurs d'anatomie et de pathologie externe de faire leurs cours l'après-midi du Samedi 4 Février. Tout s'est borné à quelques cris, les professeurs ayant immédiatement quitté les salles de cours. Ce fut tout pour la journée du Samedi.

Le Dimanche, le repos hebdomadaire fut observé.

Dans la journée du Lundi 6 Février, le conflit entre dans sa période aigüe : c'est ce jour seulement que la manifestation prend toute son ampleur, ampleur qu'elle a conservée jusqu'à la fin ; car on peut le dire avec fierté : tous les étudiants d'Alger ont fait preuve d'une solidarité admirable. Ils étaient 600 le Lundi 6 Février ; 8 jours après, ils se retrouvaient encore tous debout, avec un seul désir, celui de faire aboutir leurs revendications.

Lundi à 2 heures, les étudiants en médecine cessent donc leurs travaux pratiques et se réunissent tous. D'un commun accord, ils décident d'empêcher systématiquement tous les cours ,on fera beaucoup de bruit, mais on ne cassera rien. C'est ainsi que les cours de science de P. C. N. ne peuvent avoir lieu. On continue la même manœuvre au cours de Pharmacie. A ce moment, il est 4 heures, il y a donc un noyau constitué par les étudiants en médecine, en pharmacie, en sciences. A 4 h. 1/2, doivent commencer les cours de droit. Spontanément, les étudiants grévistes — c'est ainsi qu'ils sont qualifiés par la presse parisienne — se dirigent vers les amphithéâtres de la Faculté de droit. Après une courte discussion, on décide d'empêcher aussi les cours de droit, car la manifestation ne peut être efficace que si c'est une manifestation généralisée de tous les étudiants de la Faculté. Les camarades du droit, animés d'un profond sentiment de solidarité, acceptent immédiatement de seconder les étudiants en médecine, les amphithéâtres sont envahis et les cours ne peuvent avoir lieu. De la même façon, c'est-à-dire uniquement par des cris et des sifflets, tous les cours de l'Université sont empêchés. Pas un coup n'a été donné, pas un projectile n'a été lancé, pas un meuble n'a été détérioré, c'est à peine si quelques encriers ont été renversés, quelques chaises et quelques tables bousculées. Pas un professeur n'a été injurié ; la plupart ont d'ailleurs quitté la salle de cours, après quelques minutes de bruit. A 5 h. 1/2, tout était fini dans la Faculté ; aucun cours n'avait pu avoir lieu, mais il n'y avait rien de cassé. C'est alors que les étudiants, au nombre de cinq cents environ, ont été arracher une grille en fer qui séparait le laboratoire de bactériologie des autres bâtiments de l'Université. Cette porte est une heureuse innovation de Monsieur le Recteur, pour protéger ses roses et ses œillets, cultivés avec des soins maternels dans le jardin botanique de l'Université ; autrefois, on s'occupait surtout de la culture des plantes médicinales dont la connaissance est nécessaire aux futurs pharmaciens et médecins. Grâce à cette porte, les étudiants désirant se rendre au laboratoire de bactériologie, étaient obligés de descendre dans la rue Michelet et remonter le Chemin Pasteur d'où perte de 10 minutes et impossibilité parfois d'assister au cours de bactériologie, succédant immédiatement à un cours ayant lieu dans les bâtiments principaux de l'Université. Le recteur ayant refusé d'enlever ou d'ouvrir cette porte toute la journée, les étudiants, afin d'éviter les longueurs d'une procédure interminable, ont simplement arraché la grille et l'ont jetée à la rue. Ce sont là tous les dégâts pour la journée du Lundi.

Le travail de serrurier, consciencieusement accompli, les étudiants au nombre de cinq cents environ, se sont formés en monôme et avec un ordre admirable, la colonne bruyante a remonté les rues Michelet, d'Isly et Bab-Azoun, jusqu'à la place du Gouvernement où, après une ronde gigantesque, la dislocation a eu lieu sans incident vers 6 h. 1/2. Durant tout le trajet de la manifestation, il a été poussé des cris hostiles à Monsieur le Recteur, accompagnés d'un orchestre de sifflets, sirènes et instruments divers. Mais la circulation n'a pas été gênée dans la rue, il n'a été fait aucun mal aux passants ni aux agents, personne n'a été injurié, aucun dégât n'a été commis. C'est donc une manifestation des plus calmes.

Rendez-vous avait été pris pour le lendemain Mardi. A 2 heures, commence donc la randonée bruyante de la colonne d'étudiants dans les couloirs de l'Université. Comme la veille, pas un cours n'a eu lieu ; à 4 heures, les cours étaient d'ailleurs officiellement suspendus par ordre de Monsieur le Recteur ou du Conseil de l'Université. Les esprits, étant plus surexcités et certains professeurs ne quittant pas assez promptement les salles de cours, la manifestation a été un peu plus violente que la veille. Quelques encriers ont été renversés et l'encre répandue sur les murs et les parquets, quelques tables ont été jetées par terre, quelques chaises entassées, sept à huit carreaux ont été cassés et quelques becs de gaz ont eu à souffrir des coups de cannes. Deux becs ayant été particulièrement malmenés, il y a eu des fuites de gaz, d'où nécessité de fermer le compteur Enfin, deux ou trois balais trouvés dans les couloirs ont été jetés dans la rue. Evidemment, pendant ce temps, c'est-à-dire de 2 heures à 4 heures, les étudiants ont sifflé, chanté, crié, hurlé même, faisant le plus de bruit possible. Une réunion est tenue alors dans un amphithéâtre, on décide de faire le lendemain, un petit goûter dans les jardins de l'Université, non loin des roses et des œillets chers à Monsieur le Recteur. Le petit goûter terminé, une délégation devait être nommée ayant pour mission de présenter les revendications des étudiants. On apprend alors qu'il y a réunion du Conseil de l'Université. Immédiatement, les étudiants se portent dans les couloirs, dans l'escalier, devant la porte du Conseil et conspuent vigoureusement Monsieur le Recteur. A un moment, deux ou trois coups de pied sont lancés contre la porte du Conseil de l'Université. Mais la porte n'a pas été enfoncée et à aucun moment on n'a songé à pénétrer dans la salle du Conseil. Si les étudiants ont été faire du bruit devant la porte, c'est pour bien attirer l'attention de Monsieur le Recteur et lui montrer que c'était bien contre lui qu'était dirigée la manifestation. A ce moment, la porte s'ouvre et sur le seuil apparaissent Monsieur le Recteur et les membres du Conseil de l'Université. Une discussion bruyante et orageuse s'engage alors entre Messieurs les membres du Conseil et les étudiants. Elle dure un 1/4 d'heure, tout le monde est fort surexcité, il est évident que dans ces conditions, il est impossible de bien raisonner. Aussi, après des exhortations au calme, les membres du Conseil se retirent dans la salle tandis que les étudiants conspuent vigoureusement Monsieur le Recteur. A 5 heures, ils se forment en monôme et, comme la veille, manifestent bruyamment dans la rue. Un petit meeting a lieu à 6 heures au Square Bresson, autour du kiosque. On se donne rendez-vous pour demain, mercredi, à 3 heures, dans le jardin de l'Université, où on goûtera.

Les étudiants décident d'ailleurs de ne plus manifester en ville ; demain mercredi, ils resteront dans la Faculté ; le chahut cessera et des délégués se présenteront devant le Conseil de l'Université, aussitôt après le petit goûter intime.

Mercredi matin, on put lire sur les journaux : par mesure de précaution et à seule fin d'éviter de graves désordres, l'entrée des Facultés ne sera permise qu'aux étudiants porteurs de leur carte d'immatriculation pour l'année 1910-1911. Cette décision a été prise par le Conseil de l'Université. Le Mercredi matin, seuls les étudiants en droit et en sciences se trouvent à la Faculté, les étudiants en médecine étant dans les cliniques de l'Hôpital. Les cours de droit et de sciences ne peuvent avoir lieu par suite du bruit ; après une manifestation très calme au cours de laquelle aucune violence ne s'est produite, les étudiants se retirent. A 1 heure, les étudiants arrivent un par un, devisant tranquillement et faisant des projets pour la cassouella de 3 heures. Mais à leur grand étonnement et contrairement à l'avis paru dans les journaux, avis émanant du Conseil de l'Université, ils trouvent toutes les portes solidement fermées, avec chaînes et cadenas. De nombreux agents de police, un inspecteur, un commissaire, se promènent gravement devant les grilles des Facultés, dispersant le moindre attroupement et empêchant le stationnement devant les portes. A l'intérieur, il y a un déploiement de forces considérables : une dizaine d'agents gardent chaque porte et tous les points faibles de la clôture des immeubles de l'Université. On aperçoit même 20 gendarmes, massés derrière un massif. Seuls, les professeurs, les chefs de travaux et les préparateurs, peuvent pénétrer dans la citadelle si bien gardée. L'un d'eux, considérablement amusé par ce déploiement des forces policières, réussit, après une promenade dans les jardins, à compter les héroïques défenseurs de l'Université. Ils sont là 100 agents et 20 gendarmes, habilement disséminés en tirailleurs, ou bien groupés en rangs serrés sur les points faibles où un assaut est à craindre. Ce spectacle donne un petit frisson ; malgré soi on prend un air sérieux, certains pensent à leurs parents, ils voient en rêve une mort glorieuse !...

Cependant, les étudiants, de plus en plus nombreux, se massent non loin des Facultés, hors de la portée des agents. Que va-t-on faire ? Il est impossible de faire le petit goûter projeté, ce sera pour plus tard. A 3 heures, les 600 étudiants se forment en monôme et remontant la rue d'Isly, arrivent au kiosque du Square où un meeting est tenu. Tous sont indignés par la présence de la police à l'intérieur de la Faculté, police qui a été introduite sans avis du Conseil de l'Université, par les soins de Monsieur le Recteur, il est bien certain que ce n'est pas le Conseil de l'Université qui a décidé cette occupation militaire, puisqu'à midi, Monsieur le Doyen de la Faculté de Médecine, certifiait qu'on pouvait entrer avec la carte d'étudiant ; à la même heure, la police arrivait et gardait toutes les entrées. La tentative de conciliation ne pouvait avoir lieu dans ces conditions, aussi à l'unanimité, les étudiants décident de continuer les manifestations dans la rue, ils ne veulent plus avoir aucun rapport avec Monsieur le Recteur, en qui ils n'ont pas confiance et qui les a profondément blessés en les empêchant de pénétrer dans leur Université et en y introduisant la force armée. Les esprits sont très surexcités, on sent bien que jamais Monsieur le Recteur ne pourra avoir l'estime des étudiants. On décide alors de s'adresser à Paris, à Monsieur le Ministre de l'Instruction Publique, et de demander une Commission d'enquête ou tout au moins un représentant, délégué pour venir enquêter sur place. La dépêche a été d'ailleurs expédiée le soir même à 6 h. 1/2. A partir du lendemain Jeudi, les étudiants en médecine déserteront la clinique et seuls les internes et les externes, iront tous les jours à l'Hôpital à seule fin que les malades ne souffrent nullement du conflit. Les étudiants nomment ensuite six délégués qui iront voir Monsieur le Préfet. Immédiatement, la colonne des manifestants se dirige vers la Préfecture. Monsieur le Préfet reçoit immédiatement la délégation : « Je vous attendais depuis longtemps, leur dit-il. » Il demande qu'on lui expose les revendications et s'offre ensuite pour entamer les pourparlers avec Monsieur le Recteur. La délégation remercie Monsieur le Préfet, elle ne peut accepter son offre, puisqu'il a été décidé que les étudiants n'auraient plus aucun rapport avec Monsieur le Recteur. Avant de se retirer, elle promet à Monsieur le Préfet, que les manifestations seront calmes, qu'il n'y aura pas de violences, pas de dégâts et elle émet le vœu qu'on retire le plus tôt possible la force armée. L'entrevue terminée, la manifestation se reforme, les étudiants font le tour de l'Université et continuent ensuite leur promenade bruyante dans les principales rues de la ville ,on a beaucoup chanté, crié, sifflé, mais on n'a rien cassé et personne n'a eu à se plaindre du passage de la manifestation. A 7 heures, la dislocation se produit et on prend rendez-vous pour demain à 3 heures. On envoie à la presse Algérienne des communications et on déclare formellement que tout se passera dans le plus grand calme.

Malgré cela, complètement affolé, Monsieur le Recteur n'a pas trouvé ses mesures policières suffisantes ; Jeudi, des patrouilles de Chasseurs, ont sillonné la ville, toute la garnison d'Alger a été consignée dans ses quartiers, pour parer à toute éventualité. De quoi peuvent être capables 600 étudiants ? On ne sait pas, et ce n'est pas trop de leur opposer des agents, des gendarmes, des zouaves, des artilleurs, des chasseurs. Pendant 3 jours, la garnison a été sur le pied de guerre ; les cartouches allaient être distribuées, lorsqu'on s'est enfin aperçu qu'*ils* n'arrivaient pas ; ils, ce sont les étudiants. On a alors rendu leur liberté aux braves troupiers, mais jusqu'au Lundi 13 Février inclus, les agents ont gardé nuit et jour les Facultés. C'était bien inutile, car jamais les étudiants n'ont eu la pensée de pénétrer de force dans leur Université ; jamais ils n'ont eu l'idée de saccager les jardins et les collections, idée que leur ont prêtée des personnes très mal informées et très hostiles aux étudiants.

Le Jeudi 9 Février, de 3 à 7 heures, la manifestation toujours aussi bruyante, a parcouru les principales artères de la ville ; la dislocation s'est effectuée après qu'on a eu décidé qu'on ne manifesterait plus en ville. Toujours rien à reprocher aux étudiants qui, selon l'expression de Monsieur le Préfet, ont été très sages.

Le Vendredi, pas de manifestation, les étudiants attendent avec calme la Commission ou le Délégué demandé à Monsieur le Ministre.

Le Samedi 11 Février, à 3 h. 1/2, une réunion générale de tous les étudiants a eu lieu, dans le but de nommer une délégation qui présentera les revendications et rédigera un rapport qui sera envoyé à Monsieur le Ministre. On apprend alors que le délégué est M. Bayet, qui est un ami intime de Monsieur le Recteur. Les étudiants, persuadés que M. Bayet, venait ici comme arbitre, récusent alors son arbitrage. Mais après explications, ils se rendent compte que M. Bayet ne vient pas comme arbitre, mais comme représentant de Monsieur le Ministre, et dans le seul but de faire sur place une enquête. La délégation d'étudiants verra donc M. Bayet, et avant son départ pour Paris, lui remettra un rapport pour Monsieur le Ministre.

L'entrevue a eu lieu Lundi, les Facultés ont été réouvertes Mardi matin, 14 Février, et sans aucun incident, les cours et conférences ont repris comme d'habitude.

Voilà donc ce que fut la Manifestation des Etudiants d'Alger. Nous pourrions la résumer brièvement et constater quelle part revient aux Etudiants, quelle part à Monsieur le Recteur.

Les premiers, ont mis à mal deux becs de gaz, sept ou huit carreaux, quelques encriers. On répète à satiété qu'ils ont bousculé la porte d'une salle où siègeait le Conseil de l'Université. Dans cette salle, comme nous l'avons dit, on n'eut jamais l'intention de pénétrer. Que fit-on de plus ? des promenades inoffensives et plaisamment bruyantes.

Voilà pour quelles raisons Monsieur le Recteur a mobilisé la police d'Alger, la gendarmerie. Voilà pourquoi nos troupes ont été consignées : zouaves, chasseurs, artilleurs. Certains, furent mobilisés. On consigna jusqu'aux réservistes. Les cartouches furent comptées, prêtes à être distribuées. L'ennemi était aux frontières... avec ses fifres de roseau et les mains dans les poches.

Y avait-il quelque péril caché ? Pour le faire croire, on a agité le spectre des troubles anti-juifs, on a parlé de menées politiques. On a parlé aussi de séparatisme. Nous nous élevons hautement contre les fantômes volontairement agités. Nous manifestons uniquement pour défendre nos intérêts lésés par un recteur autocrate.

Nous protestons donc contre le caractère de violence que d'aucun ont voulu donner à nos manifestations. Nous protestons contre la mobilisation de la police et des troupes. Nous étions capables d'assurer l'ordre nous-mêmes.

Les faits le prouvent et nous les citerons puisqu'on paraît vouloir les ignorer. Au cours de leurs pérégrinations, les étudiants parurent devant la porte des Facultés s'ouvrant sur la rue Thiers. Comme par hasard, devant cette porte, de bois, se trouvaient des tas de pierres, des soliveaux, des madriers. Apparemment, personne ne gardait l'issue ; mais derrière le piège, la force armée veillait sous la forme de rangs compacts d'agents de police. On avait compté sans l'esprit de calme des étudiants. Ce calme, Monsieur le Préfet et Monsieur le Maire, l'ont d'ailleurs reconnu.

Les étudiants ont été inoffensifs, car telle était leur volonté. Ils ont, par du bruit, appelé sur eux une attention qui leur devenait nécessaire. Leurs griefs sont maintenant entendus ; ils se taisent.

Ils se tairont tant que ces griefs seront examinés, mais leur volonté est aussi ferme que sage, et si quelques mains malheureuses voulaient jeter sur leurs yeux un voile d'oubli, les fifres et les chants viendraient à nouveau les arracher non à leur sommeil, mais à leur veille.

Alger, 16 Février 1911.

A Monsieur le Ministre de
l'Instruction Publique.

Monsieur le Ministre,

Si les étudiants de l'Université d'Alger, ont manifesté au cours de la semaine dernière, ce n'est point pour le plaisir d'un vain tumulte, ni pour obéir à quelque mouvement de jeunesse. Leur but était d'appeler sur eux l'attention en raison des griefs importants qu'ils avaient à faire valoir contre le recteur, griefs que nous allons énoncer et dont nous tirerons ensuite des conclusions.

C'est à l'occasion de l'installation à Alger, de l'Institut Pasteur de Paris, lorsque les dessous de cette abominable affaire furent dévoilés, que Monsieur le Recteur s'acquit un premier titre à notre inimitié. Nous commencerons donc par l'exposé de cette histoire : « En 1894, le Gouvernement Général de l'Algérie, sur l'initiative du docteur Trolard, et sur la recommandation de Pasteur, créait à Alger, un Institut antirabique.

Au cours de cette période de 15 années, d'autres applications pratiques de la microbiologie furent ajoutées au service de la rage : c'est ainsi que l'Institut fut chargé de la préparation du vaccin antivariolique, du claveau, du vaccin contre le charbon symptomatique et des levures algériennes pour la vinification.

Le programme imposé a été fidèlement suivi

ainsi que cela a été officiellement reconnu en maintes circonstances et notamment aux séances plénières des Délégations Financières.

L'Institut Pasteur d'Alger, désirant agrandir son rôle, avait demandé à maintes reprises, à être reconnu d'utilité publique afin de pouvoir ainsi faire recettes dans le but d'étendre ses moyens d'action tout en diminuant la contribution des finances publiques de la Colonie. »

Tel était cet ancien Institut, ouvert à tous les étudiants, où de nombreux sujets d'étude nous étaient offerts, où nous étions heureux de nous rendre. Là, nous étions chez nous, dans notre Université, ayant pour nous accueillir et nous guider, des maîtres de notre Ecole. Ceux-ci voulaient faire plus pour nous,ils voulaient mettre leur Institut au courant de toutes les belles découvertes des dernières années, et peut-être même espéraient-ils auréoler de quelque glorieuse découverte une œuvre à laquelle ils s'étaient sacrifiés. Et nous, étudiants, élèves de cet Institut, nous pouvions espérer y trouver quelque jour une place acquise par notre labeur. Mais soudain, réalités et rêves s'envolaient. Brutalement, l'Institut Pasteur de Paris remplaçait l'Institut d'Alger et nous montrerons quel rôle important revenait à Monsieur le Recteur, en la machination de ce coup de théâtre.

Aujourd'hui, l'Institut de Paris s'organise, dit-on ,car nous n'en savons rien. Et comment saurions-nous quelque chose ? Nous ne franchissons plus ce seuil où s'inscrit pour nous cette devise : «lasciate ogni speranza», derrière lequel nous ne sommes plus admis à travailler. Plus tard, nous dit-on, il en sera différemment. De quoi demain sera-t-il fait ? Et voici déjà plus d'un an que la transformation s'est opérée, plus d'un an par suite que notre travail est en souffrance.

D'ailleurs, qu'irons-nous faire à l'Institut de

Paris ? nous devrons devenir ses élèves ; nous faire adeptes d'un culte nouveau, car désormais nous ne serons plus chez nous, l'Université n'a plus aucun droit sur le Grand Institut, autonome vis-à-vis d'elle.

Eh bien ! nous, étudiants, membres de l'Université, intéressés par suite à la garder intacte, nous demandons de quel droit Monsieur le Recteur va gaspiller des trésors qu'il devrait jalousement conserver.

Et Monsieur le Recteur a non seulement été incapable de sauver les biens à lui confiés, mais il a aidé à perdre le personnel. Sans avis préalable, sans qu'on ait invoqué contre celui-ci aucun grief, ainsi qu'on chasse des laquais, ce personnel s'est vu écarté de telle sorte que la mesure équivalait à une révocation.

Etudiants d'aujourd'hui, nous pouvons avoir l'espoir d'être un jour chargés de services publics. Quelle garantie aurons-nous si nous pouvons être ainsi livrés au favoritisme et à l'arbitraire, s'il suffit pour nous faire à jamais disparaître d'un coup d'œil inquisitorial.

Monsieur le Recteur a permis en pareille occasion qu'on fasse bon marché des intérêts de l'Université. Il est vrai qu'il allait pouvoir caser à la place des disparus, des personnes qui lui étaient chères. De ce nombre étaient les frères Sergent et son propre beau-frère. Non seulement Monsieur le Recteur, a permis cette infamie, mais il peut dire sans fierté qu'il en fut l'artisan. Et pour accomplir son œuvre, il n'hésitait même pas à travestir la vérité. Nous le montrerons sans peine : Monsieur Ardaillon a dit aux Délégations Financières : « L'Institut de Paris... propose à l'Algérie une combinaison nouvelle. » C'est l'inverse qu'il fallait dire — Monsieur Ardaillon a rendu hommage à notre ancien cher maître, le Professeur Trolard, et quelques jours après il aidait à le mettre à la porte de l'Institut et au seuil du tombeau. — Monsieur Ardaillon promettait que le personnel ne serait pas changé et de ce personnel il n'existe plus rien à peu près.

Monsieur Ardaillon promettait encore que les frères Sergent n'entreraient pas dans le nouvel Institut et il leur en ouvrait les portes dans son propre appartement. Cette dernière promesse, nous le savons, ne pourrait être retrouvée dans les comptes-rendus des Délégations Financières : c'est que Monsieur Ardaillon, la jugeant sans doute sans importance, priait à ce moment Messieurs les sténographes de suspendre un instant leur plume.

Nous aurions encore à causer longuement de la transformation de l'Institut Pasteur ; mais nous craindrions, Monsieur le Ministre, d'abuser de vos instants en vous adressant un trop volumineux rapport. Si toutefois, comme nous l'espérons, vous voulez bien approfondir les faits que nous rappelons ici brièvement, vous trouverez d'utiles indications dans le petit opuscule, chant d'agonie du Professeur Trolard, que nous avons remis à cet effet, à Monsieur le Directeur de l'Enseignement Supérieur.

Nous avons hâte d'arriver à des faits plus récents et nous allons maintenant nous occuper de la façon dont Monsieur le Recteur a opéré la transformation de nos Ecoles en Faculté.

Au milieu de Mai 1910, le nombre des places mises au concours d'agrégation, était porté de 41 à 42. La nouvelle place était comprise dans la section d'anatomie et embryologie et réservée à la Faculté mixte de médecine et de pharmacie de l'Université d'Alger.

Cette place avait été laissée libre, en effet, par la mort du Professeur Trolard, mais nous savions tous qu'elle serait prise par Monsieur le Professeur Weber, et qu'en fait il n'existait là aucune vacance.

Aucune autre chaire n'était mise au concours.

Juin et Juillet passent ; avec eux le concours d'agrégation et dès la rentrée on reconnaît que maintes places sont alors vacantes et que pour avoir une Faculté de Médecine digne de ce nom, il faudra créer nombre de chaires. Malheureusement ,les crédits sont limités et on devra faire des créations à la longue les unes après les autres.

Logiquement on pouvait penser que l'on allait créer les chaires les plus utiles, c'est-à-dire des chaires telles que celles de Médecine Opératoire, Pathologie Externe, Pathologie Interne, Pathologie Générale, Clinique Médicale Infantile.

Et, à ce sujet, les étudiants avaient souvent fait part de leur désidérata à leur Doyen.

Or, rien de tout cela ne fut fait, et l'étonnement des étudiants a été porté à son comble à l'annonce de créations d'une Charge de Cours de Médecine Légale et d'une Maîtrise de conférences de physiothérapie.

La *physiothérapie*, en particulier, ne semble pas être un élément d'étude primordial, car il n'existe même pas à Paris.

De plus, le Conseil de Faculté de Médecine d'Alger, s'est nettement élevé *par trois fois*, contre cette dernière création qui a été maintenue par le Conseil d'Université et surtout par son Président, Monsieur le Recteur, malgré les protestations de trois membres de ce Conseil appartenant à la Facultée intéressée.

Par conséquent, les étudiants ont le droit de croire que Monsieur le Recteur a encore, dans cette occasion, fait abus de son autorité, et qu'il a sacrifié l'intérêt des étudiants à des considérations d'ordre particulier.

L'an dernier, la création d'une charge de cours de Pathologie Interne avait été décidée, et le regretté Professeur Scherb devait en être le titulaire. Mais la mort de ce dernier vint mettre fin à ce projet, et dès lors, l'utilité de la Pathologie Interne passant au deuxième plan, l'on songe à créer une charge des Cours de Médecine Légale.

Pathologie Interne et Médecine Légale ne se ressemblent pas et il saute aux yeux et à l'esprit qu'avant de faire un Médecin Légiste il faut savoir sa Pathologie.

D'autre part, un pareil changement d'opinion, survenu après la mort du Professeur Scherb, semble bien indiquer qu'une question de personnes dirige souvent les décisions prises, et que les intérêts des étudiants sont de maigre importance pour ceux qui prennent ces décisions.

Cette transformation se fit malgré un vœu des étudiants demandant que la Charge de Cours de Pathologie Générale et de Pathologie Interne soit conservée.

Fait plus grave. Pour décider cette mutation, Monsieur le Recteur avait déclaré qu'aucune candidature n'avait été posée à la Charge de Cours de Pathologie Générale et de Pathologie Interne, Monsieur le Recteur a la mémoire courte et nous pourrions lui rappeler que le 30 Juillet 1910, il avait reçu une demande, dont nous vous fournissons ci-dessous un duplicata :

A Monsieur le Président du Conseil de l'Université d'Alger.

Monsieur le Président,

J'ai l'honneur de poser ma candidature à la charge de Cours de Pathologie Générale et de Pathologie Interne, que le Conseil de l'Université d'Alger a décidé de créer.

Et vous prie de vouloir bien la prendre en considération.

Ci-joint à l'appui de ma candidature un exposé de mes titres et travaux scientifiques.

Veuillez, je vous prie, Monsieur le Président, agréer l'assurance de mes très respectueux sentiments.

Alger, le 30 Juillet 1910.

Dr V. GILLOT.

21, boulevard Victor-Hugo, à Alger.

De plus, l'enseignement de la Médecine Légale existe déjà à la Faculté, et cet enseignement, assuré actuellement par un Professeur suppléant, chargé des fonctions d'Agrégé, avait encore dernièrement, son Titulaire, le Professeur d'Hygiène et de Médecine Légale.

Malgré l'avis de ce dernier, on décida le dédoublement de cette chaire et la création d'une Charge des Cours de Médecine Légale en attendant d'avoir les crédits suffisants pour la création de la chaire.

La candidature d'un médecin militaire, souleva de vives protestations et l'on fut mené à penser logiquement que la chaire des cours de Médecine Légale était créée pour ce candidat qui, du reste, proclamait sa nomination prochaine. Ce candidat n'était d'ailleurs venu en Algérie, a-t-il déclaré lui-même, que sur la promesse formelle de Monsieur le Recteur, de trouver ici une place.

Sa nomination paraissait d'autant plus certaine, que les candidats étaient peu nombreux et que le Professeur suppléant de Médecine Légale n'avait même pas eu connaissance de la création d'une Charge de Cours. Il est vrai que Monsieur le Recteur a fait indirectement savoir à ce Professeur suppléant qu'aucune place ne lui serait accessible à la Faculté d'Alger.

Monsieur Weber, professeur d'Histologie et

d'Anatomie Pathologique agrégé d'Anatomie, devenant après la mort du Professeur Trolard, titulaire de l'Anatomie, la chaire d'Histologie et d'Anatomie Pathologique, devenait vacante.

Trois candidats sont sur les rangs.

Malgré l'avis du seul Professeur compétent en la matière, on nomme un Professeur, *agrégé de physiologie*, qui déclare se charger de l'Anatomie Pathologique, mais demande un adjoint pour l'Histologie, à laquelle il déclare n'entendre rien.

Au sujet du dédoublement de la chaire d'Histologie et d'Anatomie Pathologique, voici les faits :

Loin d'avertir le Professeur suppléant Chef des travaux d'Histologie, le Conseil se prononce pour la nomination de Monsieur Argaud qui a obtenu la promesse rectorale formelle d'être titularisé au bout de deux ans d'enseignement, sans concours.

Seul, un membre du Conseil exige que l'on prévienne Monsieur Argaud qu'il serait obligé de passer le concours d'agrégation pour être titularisé.

Cette objection portera-t-elle ses fruits ?

En tout cas, ce qu'il importe de retenir, c'est l'illégalité qui plane sur les décisions du Conseil, décisions qui sont bien prises sous le manteau de la cheminée, *sans publicité aucune,* sans affichage ou avis préalables au Bulletin de l'Instruction Publique.

Le même manque de publicité entache encore d'illégalité la nomination de Monsieur Fleigs comme chargé de fonctions d'Agrégé à la Physiologie.

En résumé, l'obstruction systématique faite aux candidatures qui pourraient se produire, l'ignorance des nombreux faits dans laquelle sont laissés les Professeurs eux-mêmes surtout ceux de la Faculté montrent chez Monsieur le Recteur un esprit ami de l'arbitraire.

Si Monsieur le Recteur croit que c'est là le meilleur moyen d'obtenir un bon recrutement des Professeurs, les Etudiants, et de nombreuses personnalités avec eux, sont convaincus que c'est là le meilleur moyen de caser des candidats désignés à l'avance et d'assurer un enseignement aussi défectueux que possible.

Pharmacie

Si les doléances des étudiants en médecine sont nombreuses, leurs camarades de la pharmacie ont aussi beaucoup à se plaindre.

Le laboratoire de *Chimie,* affecté aux trois années de pharmacie est, en effet, dans un état déplorable, aussi bien au point de vue des bâtiments qu'au point de vue du matériel.

Les murs sont dans un état de saleté repoussante, le carrelage manque sur la presque totalité du sol. Les tiroirs et les placards sont hors de service. Chose plus grave, les éléments de travail, pipettes, éprouvettes, tubes à essai, ballons de verre, produits chimiques, nécessaires aux réactions, font presque totalement défaut. Il faut employer toutes sortes de subterfuges pour obtenir l'un quelconque de ces appareils.

Le laboratoire de *Microbiologie* où une soixantaine d'étudiants se rendent plusieurs fois par semaine, est dénué d'appareils d'utilité première. Il n'est doté, en effet, que d'un crédit annuel de *huit cents francs.*

La même pénurie règne au laboratoire d'Histoire Naturelle et de Matière Médicale où les étudiants n'ont à leur disposition de vieux microscopes absolument suffisants.

Les trois laboratoire de Microbiologie, Chimie et Matières Médicales, sont laissés dans l'ombre, *faute d'argent, dit-on* ; et cependant, à côté d'eux, s'élèvent actuellement de superbes constructions affectées à ces laboratoires de *Chimie Agricole et Industrielle.*

Les locaux manquent même quand il s'agit de certains laboratoires. C'est ainsi qu'un laboratoire des Maladies des Pays chauds est relégué sous l'amphithéâtre d'anatomie, dans un sous-sol mal éclairé. En revanche, Monsieur le Recteur, prend dans les locaux Universitaires, des salles nombreuses pour y installer un Institut Pasteur de Paris, étranger à l'Université.

A la création de l'Université il aurait été question, paraît-il, d'un Institut Agricole et Industriel.

Sans vouloir discuter son utilité, les étudiants font simplement remarquer qu'il existe déjà, à Maison-Carrée (banlieue d'Alger), une Ecole d'Agriculture, dont le recrutement reste de plus en plus difficile, malgré plusieurs années d'existence.

Les élèves de cette Ecole, qui ne font pas partie de l'Université, n'auront pas à venir dans les laboratoires en construction qui ne sont pas faits pour eux, laboratoire dont l'urgence ne paraît donc pas indiquée.

En second lieu, les intérêts d'une collectivité ne doivent pas être lésés par ceux d'un groupement infime, et il est évident que les laboratoires de Chimie, de Microbiologie et d'Histoire Naturelle, qui sont nécessaires et utiles à cent cinquante étudiants, doivent être pris en considération avant les laboratoires industriels et agricoles, qui serviront à trois ou quatre élèves au plus.

A la Faculté de Médecine et de Pharmacie d'Alger, il existe depuis de longues années, un Jardin Botanique, destiné à mettre à la portée des étudiants les plantes officinales et médicinales, qu'ils doivent étudier et qui sont, du reste, matière d'examen.

Monsieur le Professeur de Botanique, ayant invité le jardinier à planter certaines espèces, ce dernier lui répondit qu'il avait ordre de Monsieur le Recteur de planter des œillets et des rosiers !

Imparfaitement satisfait de ce premier abus de pouvoirs, Monsieur le Recteur, fit placer au-dessus de l'escalier conduisant de l'Avenue Pasteur au Jardin, une barrière en fils barbelés avec une porte en fer et fermée à clef.

Cette barrière était destinée, nous a-t-il dit, à préserver le Jardin contre les déprédations des voisins.

Or, cette barrière, placée entre le laboratoire de Microbiologie et les autres bâtiments de l'Université, obligeait les Professeurs Chefs de Travaux et les Etudiants, à redescendre dans la rue Michelet et remonter l'avenue Pasteur, pour pouvoir se rendre au dit laboratoire.

Une première réclamation officielle, émanant du Professeur de Microbiologie, fut sans effet. Une seconde réclamation des étudiants, eut un résultat presque nul. Si bien que cette porte fut enlevée « manu militari ».

En cette circonstance, comme en bien d'autres d'ailleurs, Monsieur le Recteur a prouvé son mauvais vouloir vis-à-vis des Etudiants et des Professeurs.

Pour lui, sans doute, les inconvénients qu'il crée aux autres ne comptent pas auprès de son bon plaisir.

Avec lui, les fortes réclamations sont lettres mortes, et il est curieux de le voir s'étonner devant l'orage qu'il a provoqué lui-même.

Bourses

La liste déjà longue des griefs que les étudiants d'Alger font valoir contre Monsieur le Recteur, n'est cependant pas close. D'autres actes du chef de l'Université ont encore motivé des doléances nouvelles.

Nous avons, en effet, à nous plaindre de la préméditation illégale qui a présidé à la distribution de bourses ou plus exactement de subventions au profit de certains étudiants.

L'émoi fut grand parmi les étudiants en médecine, lorsqu'ils apprirent on ne sait par quelle indiscrétion malencontreuse, la distribution d'une allocation assez importante à deux étudiants. Une demande nouvelle de subvention venait d'être formulée au moment où les manifestations éclatèrent aux Facultés.

Dans quelles conditions ces bourses ont-elles été accordées ? La première subvention attribuée fut celle de M. Legendre. Cette bourse fut distribuée alors qu'aucune mesure de publicité n'avait été remplie. Un crédit ayant été affecté par le Conseil de l'Université à l'attribution de bourses, il eut été naturel de porter l'existence de ce crédit à la connaissance de tous les étudiants. Les étudiants ne jouissant pas de moyens d'existence aisés, ils sont assez nombreux parmi nos camarades, auraient pu, en connaissance de cause, formuler une demande pour l'obtention d'une subvention. Mais aucune publicité ne fut faite. On devait bien, paraît-il, mentionner l'existence d'un pareil crédit dans le livret de l'étudiant. La publication de ce livret, qui doit être distribué au début de l'année scolaire, ayant été retardée en raison de complications administratives, à tel point que le livret n'a pas encore paru, il eut paru nécessaire d'employer d'autres moyens de publicité. C'est précisément cet usage de moyens de publicité qui n'a pas été accompli et ce crédit de subvention n'ayant pas été rendu public, nos camarades réellement dignes d'intérêt, n'ayant pas été prévenus comment certains étudiants ont-ils pu présenter une demande au Conseil de l'Université. Faut-il supposer qu'une fée bienfaisante et magicienne ait glissé dans l'oreille de certains étudiants la nouvelle de l'affectation du crédit à ces bourses ? Peut-être cette réponse plaisante eut-elle contenté la curiosité des étudiants contemporains de Gringoire, mais elle a certainement le désavantage d'être entâchée à nos yeux d'un certain anachronisme. Nous sommes donc forcés d'admettre que les étudiants postulants aux bourses malgré le défaut de publicité, ont du être avertis officieusement.

En outre, deux conditions paraissent présider normalement à l'obtention d'une bourse. Il y a d'abord un élément ou une condition de scolarité. Il existe ensuite une condition de situation. La subvention doit être un secours et attribuée en conséquence aux étudiants nécessiteux. Il se peut bien que la première condition ait été remplie dans la personne des étudiants subventionnés mais nous doutons fortement que la deuxième se soit trouvée réalisée.

M. Legendre, à qui la première subvention fut attribuée, se trouve être le neveu de M. le Secrétaire des Facultés. On s'explique aisément que la proximité de parenté ait pu suppléer au défaut de publicité ; cet étudiant, averti par M. le Secrétaire, postula en silence pour l'obtention d'une subvention. Normalement, le Conseil de Faculté, légalement juge de l'opportunité de l'attribution de la subvention, devait être consulté. Il n'en fut pourtant pas ainsi ; la demande ne fut jamais portée à la connaissance du Conseil de Faculté.

La deuxième bourse, d'une valeur de 500 fr., fut attribuée à M. Pélissier. Par quelle malice cet étudiant non prévenu officiellement de l'institution du crédit de bourse, décida-t-il de déposer une demande. Certainement, M. Pélissier, ignorant officiellement était instruit officieusement. M. Pelissier se trouve être l'ami et l'élève de M. Abadie, ancien délégué financier d'Oran, ancien rapporteur du budget de l'Instruction Publique aux Délégations, dont les rapports intimes avec Monsieur le Recteur, sont connus. Ici donc, ce fut l'amitié qui, au détriment des étudiants, en défaveur avec la politique et la protection suppléa à la satisfaction de l'intéressé, au défaut de publicité.

Au cours de la procédure d'obtention, le Conseil de la Faculté de Médecine, fut bien consulté mais il est nécessaire d'attirer l'attention sur les conditions de cette consultation.

La question de bourse ne figurait d'abord nullement à l'ordre du jour Monsieur le Doyen en fin de séance, annonça au Conseil qu'il avait à donner son avis au sujet d'une subvention de 500 francs pour l'attribuer à un élève de médecine. Un seul candidat était naturellement postulant, c'était M. Pelissier. (Nos camarades ignoraient l'existence de subvention). Les membres du Conseil qui, pour la plupart, ignoraient également l'existence d'une subvention à attribuer et la présence d'un seul candidat à une bourse de pareille importance, s'étonnèrent. Certains des Professeurs, membres du Conseil, protestèrent, prétextant, à juste raison, qu'il n'avait été fait aucune publicité pour annoncer aux étudiants l'existence d'un crédit pour subvention.

Quelques Professeurs demandèrent à quel titre

était attribuée cette subvention. Il fut répondu : *Au titre de meilleur élève de la Faculté.* Le candidat est-il inscrit à la Faculté ? Certes, oui, mais seulement *depuis le mois de Mai* 1910 ! c'est-à-dire depuis six mois. M. Pelissier avait, en effet, pris au Secrétariat de la Faculté, deux inscriptions cumulatives. On protesta contre la qualité de meilleur étudiant de la Faculté, qui constituait pour le candidat le principal titre à l'obtention de la Bourse. Le postulant n'ayant, en effet, passé aucun examen et aucun concours à la Faculté, comment savoir qu'il était le meilleur étudiant. M. le Doyen répondit que le postulant avait passé le concours de l'internat. Mais doit-on juger un élève sur des concours ou des examens passés en dehors des établissements universitaires, fut-il objecté. Pour mettre fin à toutes ces objections qui étaient motivées, M. le Doyen annonça aux membres du Conseil de plus en plus stupéfiés, qu'ils n'avaient pas à discuter mais simplement à faire savoir si le candidat était un bon élève. Le vote eut lieu sur l'attribution de cette qualité au candidat. Quelques Professeurs s'abstinrent, les autres votèrent pour. La demande de subvention fut ainsi transmise au Conseil de l'Université, avec la mention très favorable.

En résumé, une subvention de 500 francs fut accordée à un élève ayant *presque fini sa scolarité et qui aurait pu se hâter de la finir s'il avait réellement été indigent.* M. Pelissier, en effet, inscrit seulement depuis six mois à la Faculté, bien que se trouvant à Alger depuis un an, ne s'est présenté, depuis la date de son inscription, à aucun examen de la Faculté. On remarquera la contradiction singulière résultant de l'abstention volontaire aux examens et du prétendu carctère d'indigence du candidat.

Pourtant, une subvention a été accordée au

postulant dont nous dénions l'état d'indigence, elle a été accordée de plus sur un titre inexistant ,car on ne peut soutenir que M. Pelissier soit le meilleur élève de la Faculté, n'ayant jamais passé d'examen ou de concours à la dite Faculté.

Enfin, nous ajouterons que le même vice de non publicité a régné encore pour l'attribution de cette bourse comme pour les précédentes. Si la non publicité avait été le résultat d'une erreur involontaire, il eut été simple d'ajourner la décision du Conseil d'Université au sujet des bourses, de rendre public le crédit, d'organiser le mode de postulation et enfin, de statuer après que nombre d'étudiants indigents, prévenus cette fois, auraient en mesure de formuler leur présentation. Pourtant, telle n'a point été la décision du Conseil d'Université. Cela peut donner lieu à étonnement. En effet, un assez grand nombre d'étudiants, jouissent de la gratuité des inscriptions justement à raison du caractère d'indigence que présente leur situation, il semble en conséquence, que le Conseil d'Université ou tout au moins les représentants de la Faculté de Médecine, qui étaient directement intéressés, ait pu s'étonner du peu d'empressement que mettaient les étudiants nécessiteux à concourir à l'obtention de subventions. Si on remarque que les bourses ont été attribuées à intervalles séparés, aux postulants mentionnés, on voit que le Conseil eut une double occasion de rechercher les motifs d'une abstention aussi peu banale.

Deux bourses, avons-nous dit, furent seulement distribuées, mais une troisième demande fut déposée au Conseil de l'Université. Le Conseil de la Faculté, fut consulté, certains Professeurs, s'opposèrent à cette nouvelle demande. Jusqu'à présent, il n'a point été donné suite à cette prétention. Mais cette nouvelle demande est entâchée des mêmes vices que les précédentes. Le défaut de publicité du crédit est encore permanent. L'état d'intérêt et d'indigence de la candidate n'éclate pas suffisamment.

Ainsi, pour conclure, nous pouvons déclarer que le défaut volontaire de publicité a servi à favoriser certaines personnes non nécessiteuses au détriment de certains de nos camarades dont la situation est digne d'intérêt. Les exemples seraient trop longs à énumérer. Mais nous pouvons affirmer ces deux points. Beaucoup de nos camarades, malgré l'emploi de répétiteur ou de surveillant d'internat qu'ils occupent dans les différents Lycées d'Alger, arrivent à grand peine à vivre. Nous avons même entre autres parmi nous, un camarade digne d'élog espour son travail ; son père est chef de gare d'une petite localité, à environ 25 kilomètres d'Alger. Le pauvre garçon, malgré son service d'Hôpital, qui exige sa présence à Alger de grand matin, est obligé de regagner tous les soirs, en chemin de fer, la petite localité où il habite et de revenir à Alger tous les matins par la même voie. Il est obligé de faire la navette entre Alger et sa banlieue parce que ses parents, malgré tous les sacrifices qu'ils se sont imposés pour assurer l'avenir de leur enfant, ne peuvent lui payer un logement à Alger. Il est probable, que dans l'esprit des organisateurs du crédit, dans celui de Monsieur le Recteur, l'allocation n'est pas destinée au secours des étudiants par trop déshérités. Tout le monde n'est pas forcé d'entreprendre des études supérieures, la charrue vous tend les bras, tant pis pour vous, si vous l'abandonnez. Une bourse ne peut venir au secours des jeunes courageux qui ont confiance en leur volonté, en leur persévérance, pour avancer et progresser dans l'ordre social ; elle est uniquement destinée à récompenser les progrès de la politique et ceux dont l'indépendance est d'une flexibilité suffisante à l'égard du maître de notre Université.

Il nous reste un mot à ajouter. A la suite de l'effervescence créée chez les étudiants en médecine, par l'attribution des deux bourses dont nous avons parlé, M. Laquière, président de la Corporative des Etudiants en Médecine, décida d'aller voir Monsieur le Recteur, pour lui demander dans quelles conditions les subventions étaient accordées et si un certificat d'indigence était exigé des candidats à la subvention. Monsieur le Recteur répondit textuellement à notre camarade : « Mais pas du tout, on fait une demande, le Conseil l'examine, défavorablement ou favorablement et *le tour est joué.* »

Etant donné le vice de non publicité, la bienveillance témoignée par le recteur à un des titulaires et les paroles prononcées devant notre camarade, nous sommes en droit d'estimer qu'il y a eu intention frauduleuse de la part de Monsieur le Recteur, dans la procédure d'obtention de subventions.

C'est contre cette procédure, Monsieur le Ministre, que nous réclamons qu'à l'avenir on rende publique la déclaration d'affectation d'un crédit à la constitution de subventions. Ensuite, nous avons l'honneur, Monsieur le Ministre, de vous demander une contre-enquête sur les contions dans lesquelles les bourses mentionnées ci-dessus ont été distribuées. Etant donnés les nombreux vices qui ont entâché leur distribution, nous espérons que la nécessité de cette contre-enquête éclatera à vos yeux, comme à ceux de tous les étudiants de l'Université.

Et ce n'est pas tout:

Lorsque les étudiants protestèrent contre l'éloignement de l'Institut Pasteur, et des divers Instituts projetés, dispersant ainsi les lieux d'études au lieu de les laisser concentrés sur les terrains de l'Université, on leur objecta que la place manquait ; comment dans ces conditions, admettre que l'on ait choisi ces terrains de l'Université pour y construire une villa pour Monsieur le Recteur, alors qu'on est si avare des mêmes terrains lorsqu'is s'agit de construire des locaux d'enseignements. Nous reconnaissons les premiers qu'il est juste et digne que Monsieur le Recteur soit confortablement logé ; aussi, nous ne protestons pas contre le principe de cette construction mais uniquement contre le choix de l'emplacement. Sans doute, le projet n'a pas eu de suites jusqu'à aujourd'hui, mais c'est seulement par insuffisance de crédit.

Le budget de l'Université, prévoyait en 1908, un crédit de 3.000 francs pour une mission scientifique. Ce crédit fut accordé par Monsieur le Recteur à Monsieur Weber, alors professeur d'Histologie et d'Anatomie Pathologique, dans le but d'étudier le fonctionnement des Instituts Anatomiques en Allemagne. Sans doute, Monsieur Weber, est agrégé d'Anatomie mais à cette époque, il n'avait aucune part à l'enseignement de cette science à la Faculté et nous nous étonnons à juste titre que cette mission lui ait été confiée.

Jusqu'à ces derniers temps, le médecin du Lycée d'Alger et son suppléant, étaient nommés par le Ministère de l'Instruction Publique, ainsi que nous avons pu le constater sur la nomination de Monsieur Gillot, comme médecin suppléant, en date du 14 Janvier 1907. Le traitement afférent à cette fonction était de 1.200 fr.

A la mort de Monsieur le docteur Scherb, en Mai 1910, la place de médecin titulaire devient vacante ; il était de tradition que le suppléant soit titularisé. Pendant une absence de ce médecin suppléant, appelé en France par la mort de son père, alors que Monsieur le docteur Saliège, médecin du Lycée de Ben-Aknoun (annexe du Lycée d'Alger), s'était offert pour l'intérim, Monsieur le Recteur, *de sa propre autorité et sans passer par le Ministère de l'Instruction Publique*, comme cela se faisait jusque là, nomme Monsieur le docteur Ardin-Delteil, médecin du Lycée. En même temps, il élève le traitement à 1.600 francs et y ajoute une indemnité de 1.000 francs soit au total de 2.600 francs au lieu de 1.200 francs.

Une place de surveillant est vacante à la Médersa d'Alger, une telle place demande des connaissances d'arabe, deux candidats sont en présence : Monsieur Collignon, étudiant en médecine, *diplômé d'Arabe et de Berbère*, et Monsieur Garoby, *licencié en Histoire*.
Monsieur le Recteur nomme le licencié en histoire « il fallait un calculateur, ce fut un danseur qui l'obtint. »

Signalons aussi le sans-gêne avec lequel Monsieur le Recteur traite certains Professeurs, Monsieur le professeur Rey, professeur de physiologie, se rend à quatre reprises chez Monsieur le Recteur pour le voir et lui remettre ses leçons inaugurales, il n'a pas été reçu.

Enfin, le début de nos manifestations n'a pas assagi Monsieur le Recteur dans ses rêves d'omnipotence puisque le Mercredi 8 Février, alors que le Conseil de l'Université a décidé la veille au soir de n'admettre aux Facultés que les étudiants sur présentation de leur carte d'immatriculation, que cet avis a été publié dans la presse, nous voyons Monsieur le Recteur, *sans qu'aucun fait nouveau justifie cette mesure*, interdir formellement *à tout étudiant* l'accès des Facultés, réalisant ainsi de sa propre autorité, contre l'avis du Conseil de l'Université, la fermeture effective des quatre Facultés, fermeture qui ne peut être décidée que par Monsieur le Ministre de l'Instruction Publique.

On pourra vous dire, Monsieur le Ministre, que les Facultés n'ont pas été fermées, que les cours n'ont pas été suspendus, il n'en est pas moins vrai que depuis Mercredi 8 Février, à midi, jusqu'au Mardi 14, au matin, *aucun étudiant n'a pu pénétrer dans l'enceinte des Facultés*. Monsieur le Recteur, retranché dans sa forteresse, a commis ainsi le plus formidable abus de pouvoir, le plus monstrueux attentat contre les droits des étudiants, et sur ce point notre protestation ne sera jamais assez forte, car nul en France n'est au-dessus de la Loi.

De pareils abus, Monsieur le Ministre, ne peuvent manquer, nous en avons la profonde conviction d'attirer votre bienveillante attention.

Est-il admissible, en effet, que dans un régime démocratique des faits aussi scandaleux puissent être commis ?

Songez, Monsieur le Ministre, que les intérêts de la collectivité ont été entièrement sacrifiés par notre recteur. Les atteintes portées à l'intérêt général ont été si apparentes qu'il est impossible, à moins d'être taxé de mauvaise foi, de les méconnaître. D'ailleurs, en dehors même des griefs invoqués dans notre rapport, l'atmosphère de gêne qui règne à l'Université d'Alger, l'antipathie presque unanime que les étudiants et certains maîtres professent à l'égard de Monsieur le Recteur, ces simples constatations ne constituent-elles pas de graves présomptions qui militent en faveur et qui prouvent surabondamment que nous n'avons pas agité un simple fantôme.

Quoi qu'il en soit, un examen attentif de nos griefs ne peut manquer d'en révéler le bien fondé ? Cet examen, Monsieur le Ministre, nous le réclamons hautement car nous avons la certitude que le résultat ne peut que confirmer la légitimité de nos revendications.

On nous a fait promettre d'être calmes. Cette promesse ,nous n'avons pas hésité à la faire, mais il ne faudrait pas que ce calme soit considéré comme une capitulation. Nous savons que l'enquête, par cela même qu'elle doit être minutieuse, demande quelque temps pour être faite, mais il ne faudrait pas que l'on assigne à notre patience, des limites déraisonnables.

Dans le cas contraire et à notre grand regret, nous nous verrions dans l'obligation d'attirer de nouveau sur nous l'attention.

Cette éventualité ne se produira certainement pas.

Nous connaissons trop votre haut esprit de justice pour douter un instant de vos intentions. Elles sont certes des meilleures et nous avons tous le ferme espoir, Monsieur le Ministre, de ne pas nous être en vain adressés à votre bienveillante intervention pour mettre fin à ce régime intolérable de l'arbitraire.

IIIe RAPPORT

En dehors de toutes manifestations les étudiants ont encore émis quelques vœux que l'on trouvera exprimés dans la lettre ci-jointe et que nous avons cru devoir publier.

Alger, le 15 Février 1911.

A Monsieur le Ministre de
l'Instruction Publique.

Monsieur le Ministre,

Nous avons profité de notre entrevue avec Monsieur le Directeur de l'Enseignement Supérieur, pour lui exposer quelques-uns de nos desideratas en présence de Messieurs les Doyens des Facultés de Droit et de Médecine, et de M. Vincent, assesseur à la Faculté mixte de Médecine et de Pharmacie.

Ce sont ces desiratas que nous allons porter à votre conanissance :

I. — Nous demandons d'abord : *la publication ou l'affichage des comptes-rendus des séances du Conseil d'Université et des Conseils de Faculté.*

Membres de l'Université d'Alger, nous tenons à savoir ce qui s'y passe. Jusqu'à maintenant une atmosphère impénétrable masquait tous les faits, toutes les décisions de nos Conseils. Nous apprenions qu'il existait un crédit de bourses, en apprenant qu'elles venaient d'être distribuées à Messieurs X ou Y. Nous apprenions qu'une charge de cours était vacante, parce qu'on nous disait qu'un favorisé quelconque venait d'être nommé. Ce régime d'ombre et d'arbitraire, a soulevé notre indignation, provoqué les dernières manifestations. C'est pourquoi, dans le but de voir enfin un rayon de lumière filtrer à travers les huis clos, des bureaux administratifs et directeurs de notre Université, nous demandons comme première mesure, la publication ou l'affichage des comptes-rendus des séances du Conseil de l'Université et des Conseils de Faculté.

II. — Nous demandons ensuite : *la liberté du stage hospitalier.*

L'Association Corporative des Etudiants en Médecine d'Alger, à la date du 24 Janvier 1911, avait déjà eu l'honneur de vous écrire à ce sujet. Nous ne reviendrons pas sur ce qui fut dit alors. Mais nous ajouterons quelques considérants locaux. La Faculté mixte de Médecine et Pharmacie d'Alger, compte 160 étudiants. De ce nombre, sont 20 internes, 20 externes et une vingtaine encore d'élèves ayant terminés leur stage hospitalier, auditeurs bénévoles de divers services. Il reste donc 100 étudiants répartis en 6 services de clinique qui, de ce fait,comptent chacun 15 à 20 stagiaires. Si vous ajoutez àce chiffre le chef de clinique et tout le personnel médical et infirmier, si vous y ajoutez encore les indispensables caporaux de santé, qu'on nomme ici auxiliaires médicaux indigènes, vous devrez bien conclure, Monsieur le Ministre, que l'Association Corporative n'exagérait en rien lorsqu'elle déclarait que chaque jour un cortège important fatiguait les malades et que ce cortège ne pouvait permettre un enseignement rationnel et pratique de la médecine.

Quelques-uns d'entre nous, reçus le 12 Février, par Monsieur le Préfet du Département d'Alger, l'entretenaient incidemment de cette question et Monsieur le Préfet nous donnait son opinion favorable en nous contant l'anecdote suivante : « Je sais un médecin, nous disait-il, qui, ayant suivi des services encombrés, se trouva muni de son diplôme de docteur sans avoir assisté à un accouchement. Ce praticien, sans pratique, s'installa et peu de temps après, fut appelé auprès d'une femme en travail. Il se trouva en présence d'une tête d'enfant qui se dégageait et son émotion fut telle, qu'après avoir alarmé la famille, il envoyait quérir un confrère. Ce dernier arrivait bientôt avec son arsenal obstétrical au grand complet et ne pouvait s'empêcher de témoigner quelque étonnement. »

On trouverait d'autres perles, ne le cédant en rien à celle-ci.

C'est pourquoi nous insistons, Monsieur le Ministre, pour obtenir à bref délai, cette réforme qui s'impose.

Nous demandons enfin : *le respect des biens hospitaliers par la Faculté.*

Les étudiants en médecine, possèdent deux patrimoines, qui leur sont également chers : l'Ecole et l'Hôpital. Ils sont heureux de voir s'agrandir l'une et l'autre. Les constructions nouvelles de la Faculté d'Alger, ne les trouveraient nullement hostiles... si elles ne portaient préjudice à cet autre trésor de l'Hôpital. On construit des Instituts. Mais on enlève sur des terrains appartenant à l'Hôpital, sur lesquels ce dernier allait pouvoir s'étendre. Et à nos objections on répond : l'Hôpital trouvera ailleurs, d'autres terrains.

Certes, Monsieur le Ministre, l'Hôpital-Ecole est la plus belle formule d'enseignement médical, mais pour la réaliser, il ne faut pas développer le second terme en diminuant le premier. Pour réaliser cette Association il convient également qu'une entente se fasse entre l'Ecole et l'Hôpital ; or, à Alger, on néglige de consulter celui-ci. Et cependant, dans la formule comme dans la réalité des choses, c'est à lui que revient la première place.

Autre conséquence, bientôt, comme on nous le dit et comme on l'espère, l'Hôpital devra chercher ailleurs d'autres terrains. Nous, étudiants, nous devrons perdre des heures à courir hors de la ville, auprès de nos malades, que nous verrons d'autant moins que nous aurons moins de commodités pour aller à eux.

C'est pourquoi nous demandons que la Faculté s'agrandisse, mais s'agrandisse sur des terrains étrangers, et qu'elle respecte les biens de l'Hôpital.

Telles sont, Monsieur le Ministre, les desiderata émis par les étudiants d'Alger, nous espérons que vous voudrez bien les prendre en considérations et nous attendons prochainement leur réalisation.

Veuillez agréer, Monsieur le Ministre de l'Instruction Publique, l'assurance de nos très respectueux sentiments.

Les délégués des Etudiants :

Signé : FOURNIÉ, BASCOUL, DESHAYES, LAQUIÈRE, BARDY, CASANOVA, DELRIEU, GARCIAS, GUINAND.

TABLE DES MATIÈRES

www.ingramcontent.com/pod-product-compliance
Ingram Content Group UK Ltd.
Pitfield, Milton Keynes, MK11 3LW, UK
UKHW012111240726
13965UKWH00004B/1698

9 782013 18691